Das sind **Kofi**

und seine Freundin **Fina** .

Die beiden sind Kofferfische.
Kofferfische sind immer unterwegs.
Mal sind sie im Meer, mal auf dem Berg …

Kofi und Fina sprechen in Reimen.
Aber manchmal fehlt noch Kofis Reim
und manchmal fehlt noch Finas Reim.

Steine können leuchten.

Es gibt zwei Wege,
den fehlenden Reim zu finden.

1. Weg ▶ Du erfindest die zweite Hälfte selbst.

2. Weg ▶ Hinten im Heft ist ein Stickerbogen.
Dort suchst du den Reim. Den klebst du auf die Seite.
Dann sieht es so aus:

Steine können leuchten.

Man muss sie nur befeuchten.

Inhalt

Hier fehlen noch einige Selbstlaute.
Setze sie ein.
Tipp: Schau vorher auf den Seiten nach.

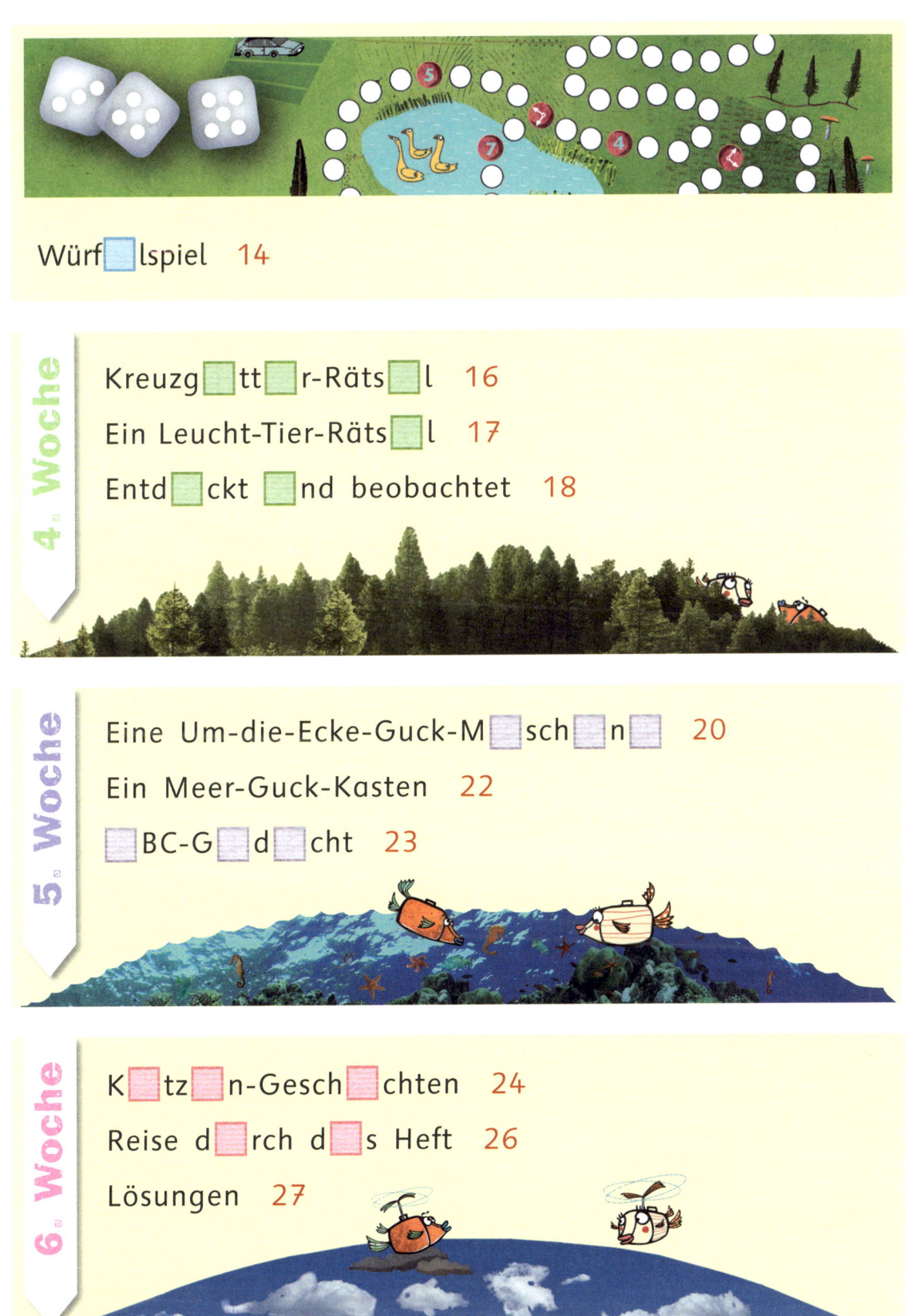

Buchstaben im BILD

* In diesem Bild stecken sieben Buchstaben.
  Male sie **rot** im Bild.

* Schreibe sie dann auf diese Linie. E

* So kannst du mit diesen Buchstaben einen Satz bauen:
  Gleiche Farben der Kästchen stehen für gleiche Buchstaben.
  Tipp: Setze zuerst alle E ein.

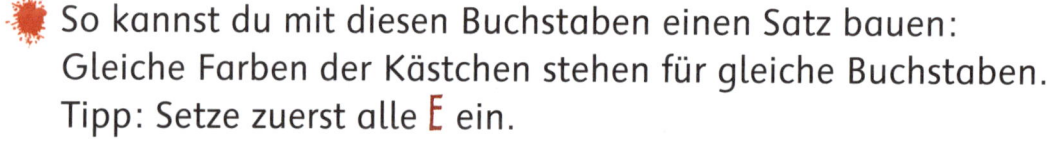

Dieser Sturm in der Nacht!

Seltsame WORTSTÜCKE

H AUSTÜ☐   ☐ATZ☐   ☐URK☐   ☐OLK☐

☐ÜTZ☐   ☐ELEFO☐   ☐MEIS☐

☐USCHE☐   ☐INGUI☐   ☐AMPELMUS☐

☐ITRON☐   ☐ALAM☐   ☐WIEBE☐

Vertical letter strips:
S W A K Z H G M P T P Z M
N E I R N E E L E L E E

💥 Wie heißen diese Wörter? Die Buchstaben helfen dir.

Bäreis

Eispiegel

Gabelkuchen

Mantelregen   Ballfuß

Uhreier

Drehwörter Drehwörter Drehwörter

💥 Wie heißen diese Wörter richtig?
Schreibe sie in die Kästchen.

5

Inspektor Froscholoff findet alles

Der Diebstahl Folge 1

Inspektor Froscholoff wurde
zum Rummelplatz gerufen.
„Meine Handtasche wurde gestohlen."
Frau Hase weinte.

„Ich glaube, der Dieb ist in die Geisterbahn geflüchtet."
„Aha, das glauben Sie", sagte Inspektor Froscholoff.
„Wie sieht die Handtasche aus?"
„Sie hat schwarze Punkte und ist orange
wie eine Mohrrübe", sagte Frau Hase und schnaubte
in ihr Taschentuch.

„Wann wurden Sie bestohlen?"
„Vor etwa einer Stunde!"
„Sie haben Glück im Unglück",
sagte Inspektor Froscholoff
und knipste ein Foto.
„Diesen Ort habe ich vor einer Stunde
schon einmal fotografiert.
Wir vergleichen die beiden Bilder,
dann erkennen wir vielleicht,
wer die Handtasche gestohlen haben könnte."

Wir fahren Karussell!

Was hat Froscholoff auf den Fotos entdeckt?
Vergleiche die beiden Bilder,
dann findest du einen Hinweis auf den Dieb.

W I tze

Fliegt ein Uhu übers Meer und sieht unten
einen Hai schwimmen. Der Uhu ruft runter: „Hai!"
Schaut der Hai rauf und ruft: „Uhu!"

Yvonne kommt von der Bäckerei zurück.
Die Mutter fragt sie: „Hast du geguckt,
ob der Bäcker Schweineöhrchen hat?"
„Nein, er hatte 'ne Mütze auf."

Schnecke, Wurm und Tausendfüßer wollen sich
um 3 Uhr beim Wurm treffen. Die Schnecke ist pünktlich.
Der Tausendfüßer kommt erst um 4 Uhr.
Fragt ihn die Schnecke: „Warum kommst du so spät?"
Sagt er: „Ja, wenn an der Tür steht: *Füße abtreten …*"

Paul fragt den Verkäufer:
„Verstehen Sie etwas von Papageien?"
Antwortet der Verkäufer:
„Ja, wenn sie langsam und deutlich sprechen."

Der Schneckenvater warnt seinen Sohn:
„Dass du mir ja nicht über die Straße rennst,
in zwei Stunden kommt der Bus!"

🔴 Markiere alle Nomen.

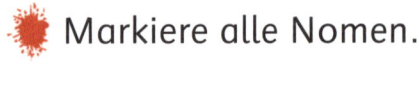

Welches ist der erste Preis?

Wurfbud

Drei-Buchstaben-Geschichte

✳ Ergänze das ABC. Schreibe zu jedem Buchstaben ein Nomen.

A _____

B _____

C _____

☐ _____

☐ _____

☐ _____

☐ _____

☐ _____

☐ _____

☐ _____

☐ _____

M _____

N _____

☐ _____

☐ _____

☐ _____

☐ _____

☐ _____

☐ _____

☐ _____

☐ _____

☐ _____

Y _____

Z _____

✳ Spiel für 3 SPIELER:

Der **Erste** nennt drei Buchstaben, z. B.: **A**, **L** und **P**.
Der **Zweite** liest die drei Wörter aus der Liste vor.
Der **Dritte** erzählt eine klitzekleine Geschichte mit diesen Wörtern.

Reimspielerei Hexerei   allerlei
Zauberei   nebenbei

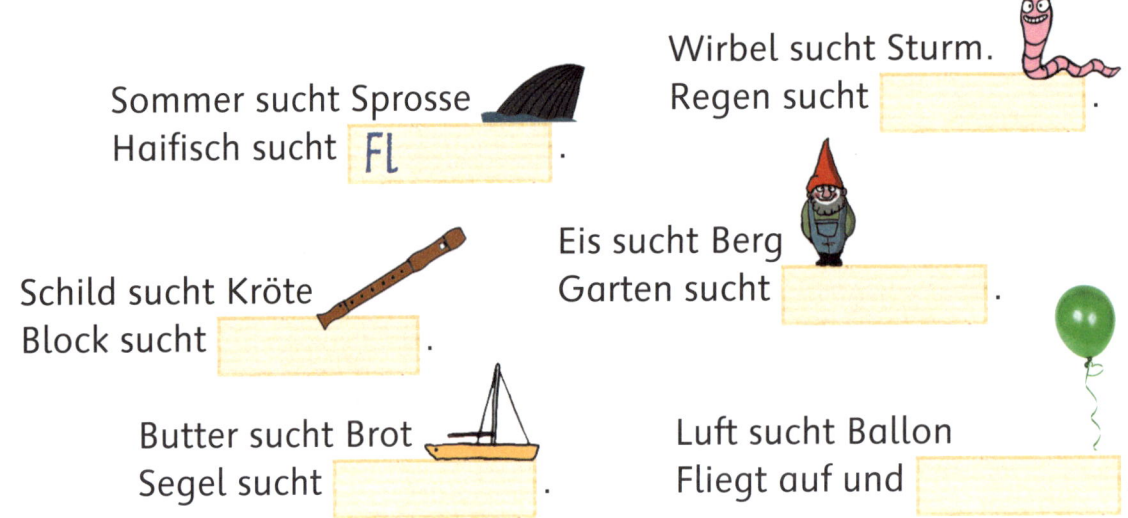

Sommer sucht Sprosse
Haifisch sucht FL_____ .

Wirbel sucht Sturm.
Regen sucht _____ .

Schild sucht Kröte
Block sucht _____ .

Eis sucht Berg
Garten sucht _____ .

Butter sucht Brot
Segel sucht _____ .

Luft sucht Ballon
Fliegt auf und _____ .

Wo die Tiere versteckt sind

Im **Kelch** steckt ein **Elch**

und im **Streber** ein _____ .

Im **Schotter** steckt ein _____ ,

im **Klaus** eine _____

und im **Saal** ein _____ .

◆ Welche Vögel fliegen durch den SOMMERABEND ?

◆ In welchem Wort verstecken sich
die Unken? _____

10

Das sind **DRUDEL**.
Drudel sind Bilderrätsel.

Eine Kirchturmspitze
hinter einem Hügel.

Der letzte Zahn
einer alten Hexe.

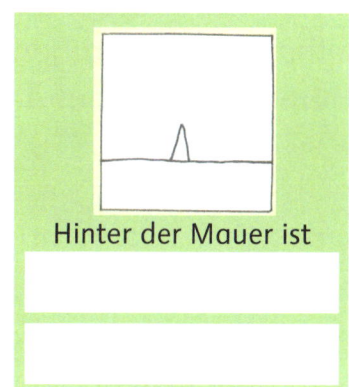

Hinter der Mauer ist

 Und was siehst du hier?

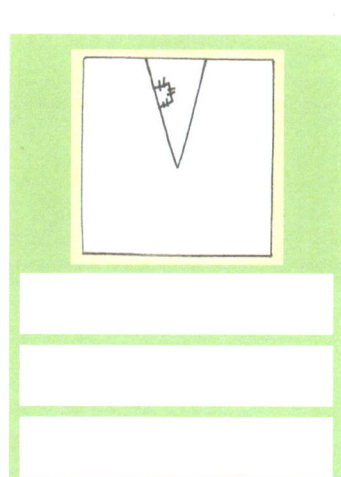

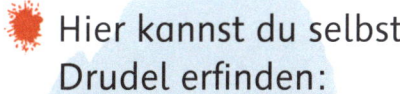

Hier kannst du selbst
Drudel erfinden:

Wenn du noch mehr Drudel
zeichnen willst,
nimm ein neues Blatt.

Der Diebstahl Folge 2

Inspektor Froscholoff findet alles

Inspektor Froscholoff bekam
einen merkwürdigen Brief.
Jemand hatte auf den Umschlag gekritzelt:

Nachrichten vom Handtaschenräuber

Aus dem Umschlag rieselten neun Zettel;
acht kleine und ein großer.
Auf dem großen Zettel stand geschrieben:

> Hier eine Geschichte auf acht Zetteln.
> In der richtigen Reihenfolge gelesen ergeben alle Großbuchstaben
> den Namen des Handtaschendiebs. Viel Vergnügen!

1. EIN FRÖHLICHER MASCHINIST UND EIN

VOLLKOMMEN ANDERS GEDACHT. VERGNÜGT MIT DER LOKOMOTIVE. EIN

TOUR SEHR PLÖTZLICH. EIGENTLICH

HATTEN SIE SICH DIE REISE

DEN SCHIENEN LAG, BEENDETE IHRE

LUSTIGER INDIANER FUHREN EINMAL

RIESIGER LAUBHAUFEN, DER AUF

Wenn du die Zettel in die richtige Reihenfolge bringst,
entsteht eine Geschichte. Nummeriere alle Zettel
in der richtigen Reihenfolge von 1 bis 8.

Unten blinkert der See.

🔴 Alle Großbuchstaben ergeben den Namen des Diebes.
Dafür musst du alle Zettel
in der richtigen Reihenfolge abschreiben.
Dann sind nur noch wenige Wörter großgeschrieben:
die Nomen und die Satzanfänge.

1 Ein fröhlicher Maschinist und ein

2

3

4

5

6

7

8

🔴 Wenn du alle Großbuchstaben der Reihe nach hier einträgst,
sagen sie, wer der Dieb ist:

☐ ☐ ☐ ☐   ☐ ☐ ☐ ☐ ☐ ☐

eine Spielfigur ➜ 1 kleines Blatt Papier

↶ Hier kannst du den Weg wählen.

1. Du freust dich auf den Waldspazier-gang. Würfle noch einmal.

2. Du hast die Wanderkarte vergessen. Gehe noch einmal zum Start zurück.

3. Ein Mitspieler schreibt 6 Buchstaben auf. Welcher Buchstabe kommt jeweils danach im Alphabet? Für jede richtige Antwort rücke 1 Feld weiter.

4. Erzähle einen Witz. Wenn die Mitspieler lachen, darfst du noch einmal würfeln.

5. Der Hund hat vier Beine, der Goldfisch hat kein's. Ich will eine EINS. Erfinde auch einen Würfelsatz zur EINS. Gehe dann 1 Feld vor.

6. Bilde 4 zusammengesetzte Nomen mit Wasser. Es können auch lustige Drehwörter sein. Gehe anschließend 2 Felder weiter.

7. Watschle wie eine Ente zweimal um den Tisch. Setze dann 1 Runde aus, um auszuruhen.

8. Zeichne einen Drudel. Lass deine Mitspieler raten. Wer die Lösung weiß, rückt 2 Felder vor.

9. Du hast dich verlaufen! Gehe deshalb 3 Felder zurück. Entscheide dich neu.

10. Hopple wie ein Hase, grunze wie ein Wildschwein.

11. Du hast den giftigen Fliegenpilz nicht mitgenommen. Du darfst deshalb 2 Felder vorrücken.

12. Der Hund legt sich schlafen, das Huhn legt ein Ei. Ich will eine ZWEI. Reime einen Würfelsatz zur ZWEI, dann darfst du 2 Felder vor.

13. Schreibe auf: 1 Nomen, 1 Verb, 1 Adjektiv. Baue mit diesen Wörtern einen Satz. 3 Felder kannst du weitergehen.

14. Du bist müde. Setze 2 Runden aus.

15. Schreibe 4 Wörter auf, in denen sich das Wörtchen und versteckt. Gehe 2 Felder vor.

16. Würfle so lange, bis du eine SECHS hast. Dann bist du im Ziel.

Kreuz gitter Rätsel

K	U	C	K	U	C	K	O	E	Z	E	M
A	R	L	W	R	E	A	F	R	I	K	A
N	O	O	N	K	E	L	I	O	M	N	B
I	G	W	I	U	T	E	H	N	B	O	E
N	L	N	B	N	H	N	U	D	E	L	N
C	S	P	E	D	O	D	M	J	S	K	D
H	Q	T	P	E	I	E	R	U	H	R	P
E	N	A	S	K	J	R	U	Z	A	B	J
N	A	S	E	Y	E	X	E	I	M	E	R
L	Z	S	O	P	S	M	C	L	M	T	A
B	K	E	I	D	E	C	H	S	E	S	B
E	T	V	L	I	L	D	B	A	R	U	E

● Sie schmecken mit Tomatensoße …

● Ein Vogel, der seinen Namen selbst ruft.

● Der Bruder meiner Mutter ist mein …

● Dahin fliegen die Schwalben im Winter.

● Das Ende des Tages …

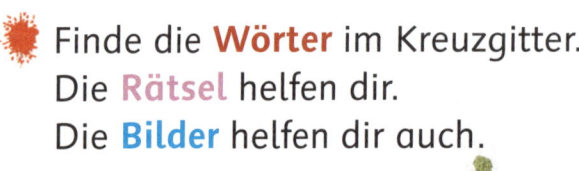

Finde die **Wörter** im Kreuzgitter.
Die **Rätsel** helfen dir.
Die **Bilder** helfen dir auch.

Ein wundersamer Wald.

16

Ein Leucht-Tier-Rätsel

Weißt du, was das ist?
Was leuchtet da unter dem Blatt?

Wenn du das leuchtende Tier nicht erkennst,
kannst du auf Seite 18 weiterlesen.

Das leuchtende Tier ist ein: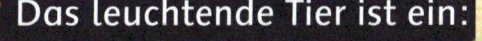

Entdeckt
und beobachtet

Wenn du Glück hast,
kannst du auf einer Sommerwiese oder
am Wegrand Glühwürmchen sehen.

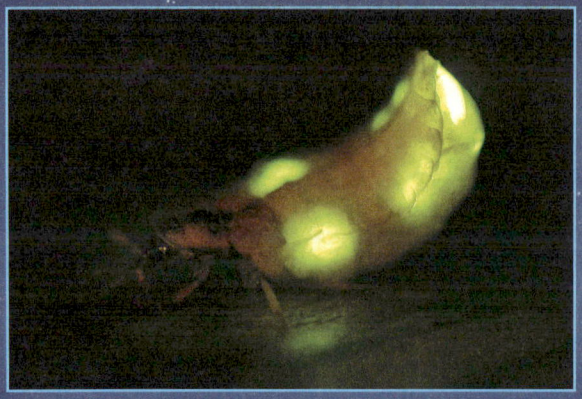

Natürlich erst abends, wenn es dunkel ist ...

Weißt du, warum Glühwürmchen leuchten?
Es leuchten meist die Weibchen.
Sie locken so die Männchen in der Nacht zur Paarung.
Aber es ist gefährlich. Denn ihr Licht lockt auch große Spinnen
und Käfer, die Appetit auf Glühwürmchen haben.

Auch am Tage kannst du viele kleine und große Tiere entdecken.
Auf der Wiese, im Wald, im Meer, im Tierpark,
an der Fensterscheibe oder in einer dunklen Ecke ...

Hier kannst du beschreiben, was du beobachtet hast:

Wo: _____   Wie sah es aus:

_____   _____

Wann: _____   _____

Und hier ist Platz zum Malen:
(Falls es ein Elefant ist oder ein Wal, musst du ihn eben klein zeichnen.)

Wenn die Sterne funkeln ...

19

Froscholoff erfindet was

Eine Um-die-Ecke-Guck-Maschine .....

Froscholoff ist ein Erfinder und Bastler.
Er denkt sich nützliche Maschinen aus.

Zum Beispiel seine neue Um-die-Ecke-Guck-Maschine.
Wozu er die braucht?
Froschfutter ist scheu.

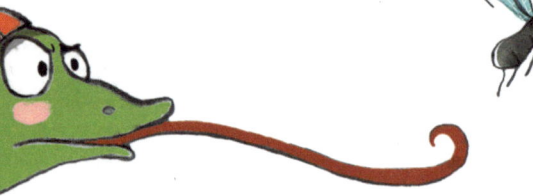

Ein kluger Frosch guckt um die Ecke.
So kann er die Fliegen und Falter beobachten,
ohne dass sie ihn sehen.

Bevor Froscholoff eine Maschine bastelt,
zeichnet er seine neue Erfindung.
Er gibt allen Teilen einen Namen in Geheimsprache.
Die alte Gießkanne nennt er Rumberzaube.
Für die Tülle schreibt er Flenntrenne.
Denn: Ein Erfinder muss seine Erfindungen geheim halten.

So funktioniert die Um-die-Ecke-Guck-Maschine:

Wildes Wellengebrause!

Er nimmt eine alte Rumberzaube.

Durch die lange Flenntrenne schiebt er

eine gezwirbelte Röffelzwille

in die alte Rumberzaube.

Die Röffelzwille treibt die runde Laufdrulle an.

Die Laufdrulle dreht das glasglatte Guckgack.

Der Frosch sieht durch das Tarnblatt in die Flenntrenne

und beobachtet im Guckgack das scheue Futter.

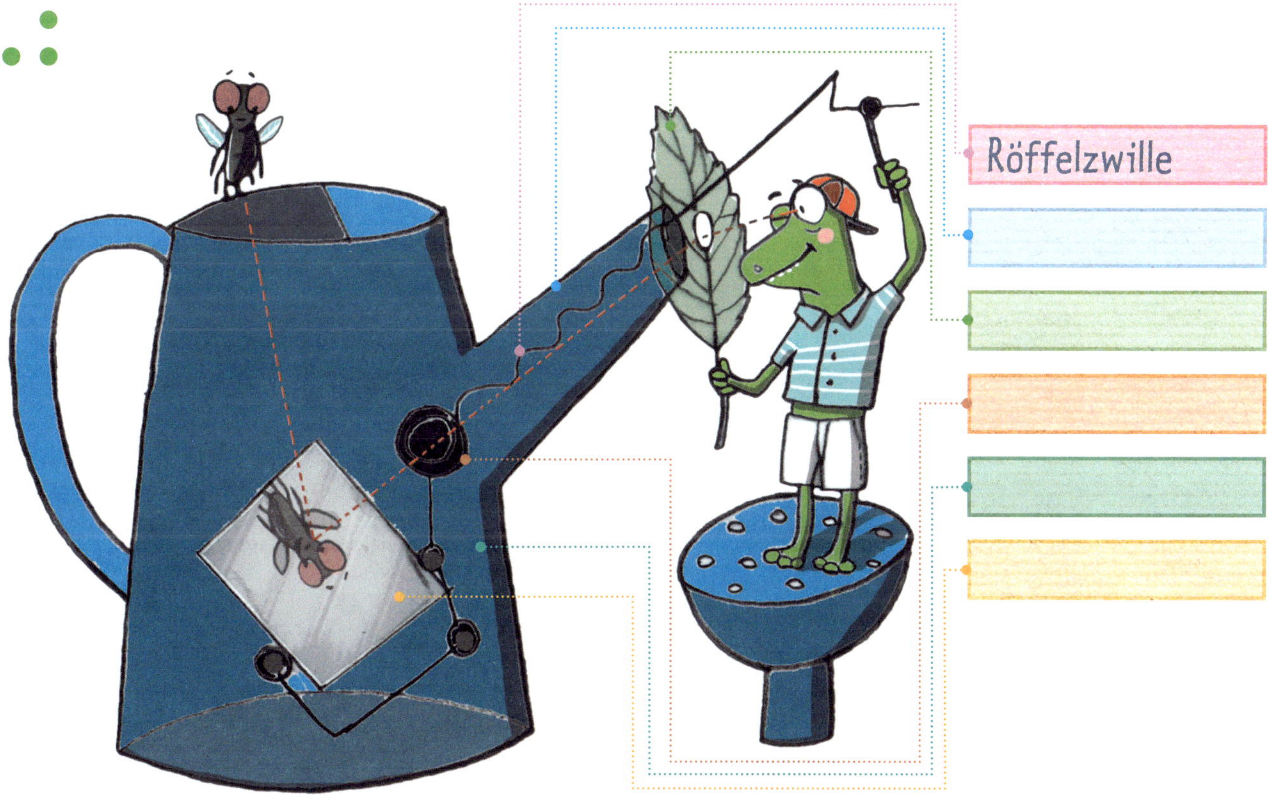

Röffelzwille

Wo gehören die Namen hin? Schreibe sie in die Schilder.

21

Ein Meer-Guck-Kasten

Du brauchst:

eine Schere   einen leeren Schuhkarton   als Kasten

Farbe   Papier oder Pappe für die Meerestiere

Klebstoff   Muscheln, Steine   oder andere Fundstücke

So kann er aussehen.

Sieh nur, die Sterne und Pferde!

ABC-Gedicht

Spielen Quallen Xylofon, hört man leider keinen Ton.
Selbst wenn das Meer dort ziemlich flach ist,
selbst wenn ins Meer ein kühler Bach fließt,
selbst wenn keine Vögel stören,
· · · · · · · · · · · · · · · wirst du nie die Töne hören.

In diesem Gedicht gibt es alle Buchstaben des ABCs.
Bis auf einen. Welcher Buchstabe fehlt?

· · · · Oder so: noch ein **Meer-Guck-Kasten**.

Du kannst auch einen
Berg-Guck-Kasten
bauen.

Oder einen
Wald-Guck-Kasten.

Oder einen . . .

Katzen-Geschichten

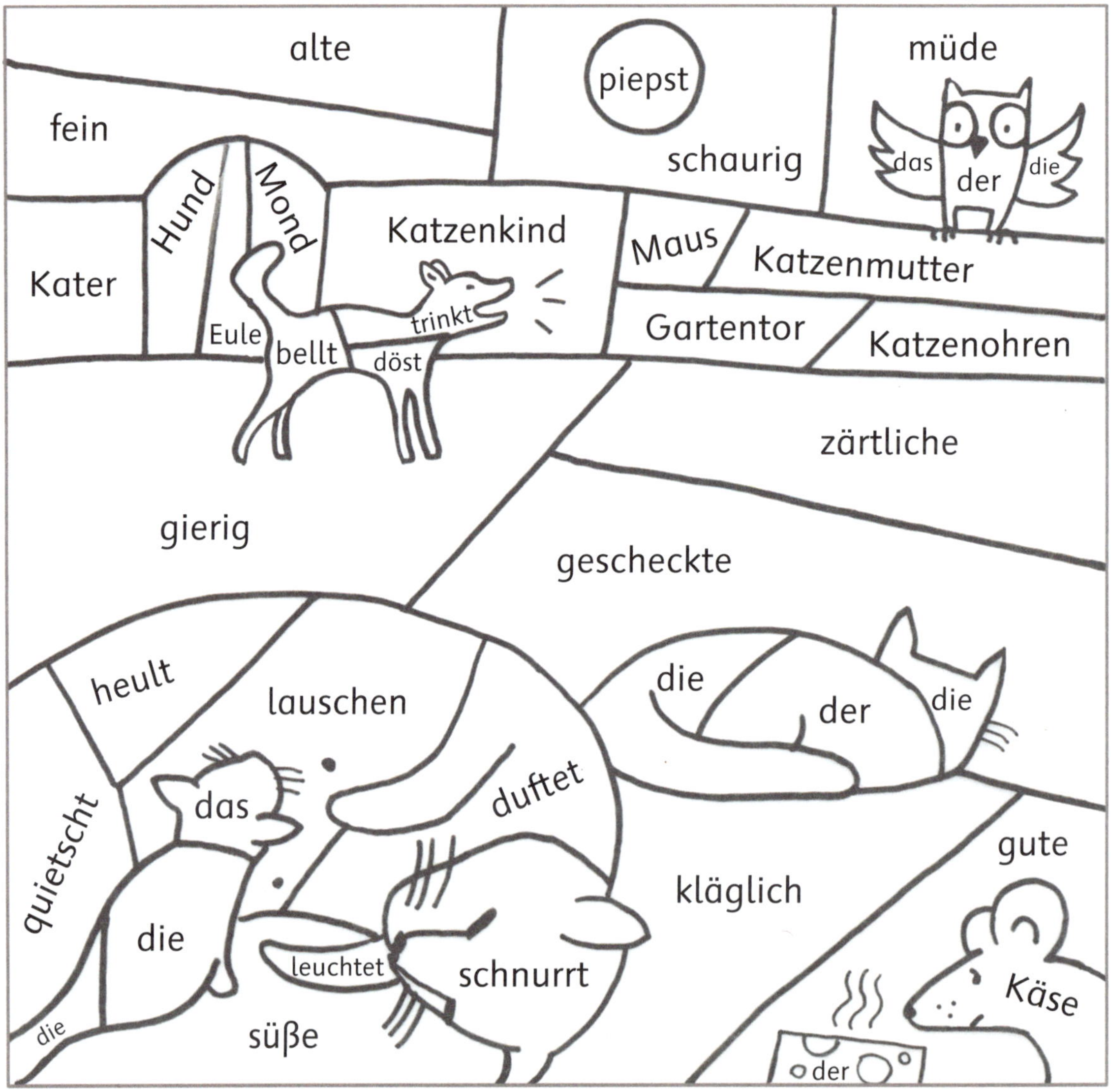

alte

piepst

müde

fein

schaurig

das der die

Hund

Mond

Kater

Katzenkind

Maus

Katzenmutter

Eule

bellt

trinkt

döst

Gartentor

Katzenohren

zärtliche

gierig

gescheckte

heult

lauschen

die

der

die

quietscht

das

duftet

die

kläglich

gute

leuchtet

schnurrt

Käse

die

süße

der

🔴 Male die Felder so aus:
Nomen **blau**
Verben **rot**
Artikel **orange**
Adjektive **grün**

24

Die schwarzen Wolken sind nass.

✹ Baue mit den Wörtern aus dem Bild kleine Sätze.
Die farbigen Kästchen zeigen dir die Wortart.

| Das | Katzenkind | trinkt | gierig. |

| Die | zärtliche | Katzenmutter | schnurrt. |

Es dürfen auch Quatschsätze entstehen:

Der müde Käse bellt.

Reise durch das Heft

◆ Welche Vögel fliegen auf Seite 10 durch den Sommerabend?

Schreibe den 3. Buchstaben auf. [1]

◆ Welches Tier krabbelt da? Schau auf Seite 5 nach

und schreibe den Anfangsbuchstaben des Tieres auf. [2]

◆ Wie heißen die Bilderrätsel auf Seite 11 ?

Nimm den ersten Buchstaben. [3]

◆ Wie heißt der 5. Buchstabe vom Nachnamen

des Diebes auf Seite 13 ? [4]

◆ Wer legt sich beim Würfelspiel auf Seite 14 in Aufgabe ⑫

schlafen? Schreibe den Anfangsbuchstaben auf. [5]

◆ Was sucht der Haifisch auf Seite 10 ?

Du benötigst den 3. Buchstaben. [6]

◆ Welches Wort steht auf Seite 24 in der Maus?

Schreibe den 3. Buchstaben ab. [7]

◆ Welcher Buchstabe steht auf Seite 4

immer in diesem ▨ Kästchen? [8]

Lösung: [1] [2] [3] [4] [5] [6] [7] [8]

Lösungen

Seite 4 ELF ENTEN ESSEN EIS. ◆ **Seite 5** Haustür · Katze · Gurke ·

Wolke · Mütze · Telefon · Ameise · Muschel · Pinguin · Pampelmuse · Zitrone · Salami

· Zwiebel ◆ Eisbär · Spiegelei · Kuchengabel · Regenmantel · Fußball · Eieruhr ◆

Seite 7 Im zweiten Bild ist die orange Handtasche mit den schwarzen Punkten

zu sehen. ◆ **Seite 8** Uhu · Meer · Hai ◆ Yvonne · Bäckerei ·

Mutter · Bäcker · Schweineöhrchen · Mütze ◆ Paul · Verkäufer ·

Papageien ◆ Schnecke · Wurm · Tausendfüßer · Wohnung · Uhr ·

Tür · Füße ◆ Schneckenvater · Sohn · Straße · Stunden · Bus ◆

Seite 9 ABCDEFGHIJKLMNOPQuRSTUVWXYZ ◆ **Seite 10** Haifisch sucht Flosse.

Regen sucht Wurm. Block sucht Flöte. Garten sucht Zwerg. Segel sucht Boot.

Fliegt auf und davon. ◆ Kelch → Elch · Streber → Eber · Schotter → Otter ·

Klaus → Laus · Saal → Aal ◆ SOMMERABEND ◆ Unken → Funken

Seite 11 Das kann man sich vorstellen: Hinter der Mauer steht ein Nashorn. ·

Nashorn beim Schnorcheln · Sieben Zwerge hinter einer Mauer · Zwerg mit geflickter

Mütze ◆ **Seite 13**  1 Ein fröhlicher Maschinist und ein 2 lustiger

Indianer fuhren einmal 3 vergnügt mit der Lokomotive. Ein 4 riesiger Laubhaufen,

der auf 5 den Schienen lag, beendete ihre 6 Tour sehr plötzlich. Eigentlich

7 hatten sie sich die Reise 8 vollkommen anders gedacht. ◆ EMIL ELSTER ◆

Seite 16 Kreuzgitter ◆ **Seite 17** Glühwürmchen ◆

Seite 21 Röffelzwille ◆ **Seite 23** J ◆ **Seite 24**

Flenntrenne

Tarnblatt

Laufdrulle

Rumberzaube

Guckgack

```
K U C K U C K O E Z E M
A R L W R E A F R I K A
N O O N K E L I O M N B
I G W I U T E H N B O E
N L N B N H N U D E L N
C S P E D O D M J S K D
H Q T P E I E R U H R P
E N A S K J R U Z A B J
N A S E Y E X E I M E R
L Z S O P S M C L M T A
B K E I D E C H S E S B
E T V L I L D B A R U E
```

Texte Franz Zauleck & Liane Lemke

Redaktion Barbara Bütow

Illustration Maja Bohn

Innengestaltung Linde de Maizière

Hinweise für die Erwachsenen

Ferien sind Ferien. Die Reise durch die Geschichten, Reime und Rätsel des Sommerheftes soll den Kindern ein Vergnügen sein, freiwillig und spielerisch.
Manchmal wird es hilfreich sein, ein Spiel (Würfel-Spiel) oder die Basteleien (Meer-Guck-Kasten) gemeinsam zu machen. Dann macht es auch noch mehr Spaß.
Und wenn es Spaß macht, lernt man am besten!

Die hier aufgeführten Übungsaspekte in den Texten, Spielen und Aufgaben sind exemplarisch und nur zur Orientierung für interessierte Erwachsene:

2 Orientieren, Einsetzen von Selbstlauten **4** Wahrnehmungsschulung, Buchstabenformen, Wortsynthese **5 o.** Wortfragmente erfassen und zu sinnvollen Wörtern ergänzen, **u.** zusammengesetzte Nomen bilden **6** Text lesen und erfassen, optisches Differenzieren, Zusammenhänge kombinieren **8** Witze lesen, Nomen markieren **9** Alphabet, Nomen, kleine Geschichte erzählen **10** Reimen, Wortanalyse **11** Bilderrätsel: raten, schreiben, erfinden **12** Text lesen und erfassen, Satzteile zum sinnvollen Text ordnen, Schreiben: Groß- und Kleinschreibung **14** Würfelspiel mit Sprachaufgaben (Buchstaben-, Wortebene, Reimen), Körperübungen **16** Wortbilder im Kreuzgitter erfassen, Rätsel lösen **17** Rätsel lösen **18** Text lesen, Tiere beobachten, Dokumentieren **20** Text lesen und erfassen, Sprachspiel, Beschriften **22** Bastelanleitung: Text lesen, bauen **23** Alphabet **24** Wortarten erkennen, Ausmalen **25** Sätze bauen **26** Orientieren, Konzentrieren **U3** Postkarte ausschneiden und schreiben

Textquellen

10 Anger-Schmidt, Gerda: Reimspielerei … (Auszug) aus: Alles in Butter, liebe Mutter. Dachs-Verlag GMBH Wien. Und aus: Muss man Miezen siezen? Residenzverlag im Niederösterreichischen Pressehaus Druck- und Verlagsgesellschaft mbH, St. Pölten, Salzburg. • Wo die Tiere versteckt sind. (Auszug) aus: ebd. **11** Maar, Paul: Drudel (Auszug) aus: Maar, Anne & Maar, Paul: mehr Affen als Giraffen. Verlag Friedrich Oetinger GmbH, Hamburg. **22** Maar, Paul: Spielen Quallen … aus: ebd. **15** Maar, Paul: Würfelsprüche (Der Hund hat …; Der Hund legt …) Originalbeitrag.

Bildquellen

16 Palme © Martina Stumpp – Fotolia.com • Nudeln: Silke Voigt **17** Glühwürmchen www.chemie.uni-jena.de **18** Glühwürmchen im Wald © www.academie.ru/pictures • Glühwürmchen u. li. Cornelsen Verlagsarchiv • Glühwürmchen u. re. © Wildlife/F. Teigler **22** Material mit freundlicher Genehmigung von Kinderliteraturzeitschrift „Gecko" Nr. 18. **22/23** Karin Schmidt, Regensburg

Fotocollagen am Fuß der Seiten von Maja Bohn unter Verwendung folgender Fotos:
4/5 Bronze Gras am Strand © Jürgen Werke – Fotolia.com **10/11 ff.** Alpenpanorama © gandolf – Fotolia.com **16/17 ff** Forest illuminated by the rising sun © brave-carp – Fotolia.com **18/19** Stars sky in the clear night © Dimitar Marinov – Fotolia.com **20/21 ff.** Deep Blue © Birgul Ozbek Erken – Fotolia.com **24/25** Wolkenhimmel © Andreas Resch – Fotolia.com